BEI GRIN MACHT SICH IHR WISSEN BEZAHLT

- Wir veröffentlichen Ihre Hausarbeit, Bachelor- und Masterarbeit

- Ihr eigenes eBook und Buch - weltweit in allen wichtigen Shops

- Verdienen Sie an jedem Verkauf

Jetzt bei www.GRIN.com hochladen und kostenlos publizieren

Bibliografische Information der Deutschen Nationalbibliothek:

Die Deutsche Bibliothek verzeichnet diese Publikation in der Deutschen Nationalbibliografie; detaillierte bibliografische Daten sind im Internet über http://dnb.d-nb.de/ abrufbar.

Dieses Werk sowie alle darin enthaltenen einzelnen Beiträge und Abbildungen sind urheberrechtlich geschützt. Jede Verwertung, die nicht ausdrücklich vom Urheberrechtsschutz zugelassen ist, bedarf der vorherigen Zustimmung des Verlages. Das gilt insbesondere für Vervielfältigungen, Bearbeitungen, Übersetzungen, Mikroverfilmungen, Auswertungen durch Datenbanken und für die Einspeicherung und Verarbeitung in elektronische Systeme. Alle Rechte, auch die des auszugsweisen Nachdrucks, der fotomechanischen Wiedergabe (einschließlich Mikrokopie) sowie der Auswertung durch Datenbanken oder ähnliche Einrichtungen, vorbehalten.

Impressum:

Copyright © 2008 GRIN Verlag, Open Publishing GmbH
Druck und Bindung: Books on Demand GmbH, Norderstedt Germany
ISBN: 978-3-668-14356-2

Dieses Buch bei GRIN:

http://www.grin.com/de/e-book/118574/das-erdbeben-in-chili-von-heinrich-von-kleist-ein-ueberblick

Anonym

"Das Erdbeben in Chili" von Heinrich von Kleist. Ein Überblick

GRIN Verlag

GRIN - Your knowledge has value

Der GRIN Verlag publiziert seit 1998 wissenschaftliche Arbeiten von Studenten, Hochschullehrern und anderen Akademikern als eBook und gedrucktes Buch. Die Verlagswebsite www.grin.com ist die ideale Plattform zur Veröffentlichung von Hausarbeiten, Abschlussarbeiten, wissenschaftlichen Aufsätzen, Dissertationen und Fachbüchern.

Besuchen Sie uns im Internet:

http://www.grin.com/

http://www.facebook.com/grincom

http://www.twitter.com/grin_com

Einführungsseminar *Neue Deutsche Literatur*
Fakultät für Sprach- und Literaturwissenschaften
Ludwig-Maximilians-Universität, München

Das Erdbeben in Chili
Heinrich von Kleist

1. Der Autor & Werk 1
2. Inhalt der Erzählung 2
3. Epoche & Hintergrund 2
4. Gattung 4
5. Sprache & Form 4
6. Modellanalysen & Interpretationsansätze 7
7. Literaturliste 12

1. DER AUTOR & WERK

a) Biographie Kleists

- Entstammt einer ostpreußischen Adelsfamilie (preußisch-pommersche Adel; die Paten sind alle von militärischem Rang);
- Tod des Vaters, als Kleist 10 Jahre alt ist;
- 1793 kam er in die Rheinarmee und nahm an der Belagerung von Mainz teil;
- 1799 schied er aus dem Militärdienst aus und seine krisenreiche Entwicklung begann[1]
- Studium der Philosophie und Wissenschaft, findet jedoch keine Zufriedenheit;
- 1802 Arbeit am Drama „Robert Guiskard";
- 1803 erstes Drama „Die Familie Schroffenstein" erscheint. Er verbrennt das Manuskript, da er sich – von Selbstzweifel gequält – als Dichter für gescheitert hält. Er nimmt sich vor in der militärischen Operationen Napoleons gegen England teilnehmen, um dort den Tod suchen. Er wird aber abgehalten.
- Er unternimmt daraufhin ausgedehnte Reisen in die Schweiz, nach Frankreich und Italien;
- Im Anschluss erhält er eine Arbeitsstelle beim Verwaltungsamt;
- 1807 Kleists erste Erzählung „Jeronimo und Josephe" erscheint im „Morgenblatt für gebildete Stände". Das Werk wird später als „Erdbeben in Chili" tituliert.
- Im gleichen Jahr: Gründung der Zeitschriften „Phoebus/ Journal für die Kunst" und den „Berliner Abendblättern", die aber der ungünstigen Zeitpunkt zum Opfer fielen;

---

[1] Mit Ausstieg aus dem Militärdienst suchte Kleist nach der **Bestimmung seines Lebens**; „Ich soll tun, was der Staat von mir verlangt, und doch soll ich nicht untersuchen, ob das, was er von mir verlangt gut ist. Zu seinen unbekannten Zwecken soll ich ein bloßes Werkzeug sein – ich kann es nicht. Ein eigener Zweck steht mir vor Augen, nach ihm würde ich handeln müssen."

- 1811 Er lernt die krebskranke Henriette Vogel kennen. Er erschießt erst sie und dann sich selbst am Wannsee in dem Bewusstsein ein „ganz nichtsnutziges Glied der Gesellschaft zu sein".

b) Werk
- Komplexes Werk aus Dramen und Erzählungen, bei dem es zahlreiche Interpretationsansätze gibt.
- Figuren gewinnen Ihre Lebendigkeit vielmehr als dichterische Symbole, denn als individuelle Charaktere;
- Leitmotiv ist die Vernichtung aller Selbstgewissheit und das Dasein von Fremde;
- Dasein als Geheimnis, Rätsel, oder Wunder bezeichnet;

2. INHALT DER ERZÄHLUNG

- Unstandesgemäßes Verhältnis von Jeronimo und Josephe;
- Inhaftierung (mit Aussicht auf die Todesstrafe für Josephe);
- Ein Erdbeben ermöglicht beiden die Flucht;
- Glückliches Zusammentreffen im „Tal von Eden";
- Bekanntschaft mit Don Fernando, dem Sohn den Stadtkommandanten und dessen Familie;
- Sozialutopie eines einträchtigen Beieinanders Aller;
- Entscheidung, zum Dankgottesdienst zu gehen;
- Erneute Anklage des Paares;
- Tumult;
- Tod von Jeronimo, Josphes und dem Sohn Don Fernando;
- Don Fernando nimmt den Sohn der beiden auf;

3. EPOCHE & HINTERGRUND

Die Erzählung wurde erstmals in Cottas neuem *Morgenblatt für gebildete Stände* unter dem Titel *Jeronimo und Josephe* vom 10. bis 15. September 1807 abgedruckt. Drei Jahre später erschien ein Wiederabdruck in Kleists *Erzählungen* mit dem Titel *Das Erdbeben in Chili*. Der dem Referat zugrunde liegende Text stammt aus der BKA[2], die von Roland Reuß und Peter Staengle 1993 herausgegeben wurde und von *Heinrich von Kleist: Sämtliche Werke und Briefe*[3]. Die kritisch-historische BKA ihrerseits basiert auf den Band „Erzählungen" den Kleist 1810 (drei Jahre nach dem das Werk als Leseroman in der Zeitung publiziert wurde) als Sammelband drucken ließ. Reuß spricht in seinem Kommentar über Hintergründe und Entstehung des Werkes von einer „gewisse(n) Wahrscheinlichkeit"[4], dass Kleist sich die Zeitungsteile seines Romans vom Morgenblatt für gebildete Stände zustellen ließ und daran – von Hand – noch Änderungen vorgenommen hat. Anschließend sei der Druckauftrag erteilt worden. Wir hätten es hier – falls wir trotz dem Fehlen von „be-

---

[2] Brandenburger Kleist Ausgabe
[3] Hrsg. Klaus Müller-Salget, 1990
[4] Reuß, Roland: Zu dieser Ausgabe. In H. v. Kleist Brandenburger Ausgabe (BKA). Hrsg. Roland Reuß und Peter Staengle. 1. Auflage 1993. Basel; Frankfurt am Main: Stroemfeld Verlag 1993. S. 47f.

weiskräftigeren Dokumenten"[5] diese Tatsache so annehmen wollen – mit einer „Ausgabe letzter Hand" zu tun.

Kleists Erzählung „Das Erdbeben in Chili" ist schwierig in eine der uns geläufigen charakteristischen Literaturepochen einzuordnen. Rein historisch betrachtet kann man aufgrund des Erscheindungsjahres das Werk in literarische Epoche der Hochromanik[6] zuordnen. Doch nicht ausschließlich. Kleist verarbeitet in diesem Stück, nicht nur die historischen Ereignisse, sondern führt auch philosophischen Projekte von Kant, der als ein Charakteristikum der Aufklärung gilt, fort. Auch romantische Aspekte kommen darin vor, so dass man von einem epochenübergreifenden Werk sprechen kann.

- **Historie:** Helmut J. Schneider legt in seiner sozialgeschichtlichen Werkinterpretation Kleists Erzählung drei „historische Ereignisse"[7] zugrunde. „Der stoffliche Bezug Bezugspunkt ist das Erdbeben von Santjago de Chile am 13. Mai 1647, [...]. Dem zeitgenössischen Leser musste sich die Lissaboner Katastrophe von 1755 wachrufen, [...]. Wenig bedacht worden ist von der Forschung ein möglicher Bezug der dargestellten Katastrophe zur Französischen Revolution."[8] Das während des Erdbebens einstürzende Gefängnis von Jeronimo deutet Schneider nämlich als Sturm auf die Bastille. Und die abrupte Auflösung der Staatsgewalt führt schließlich in beiden Fällen – während der Französischen Revolution, als auch während der Erzählung – zu „blutiger Anarchie"[9].

- **Romantische Elemente:** Kleist Handlung spielt im fernen Chile. Novalis würde dazu sagen: „So wird alles in der Entfernung Poesie, ferne Berge, ferne Menschen, ferne Begebenheiten, usw., alles wird romantisch"[10]. Die Naturverbundenheit im „Tal von Eden[11]" lässt den Leser für einen Moment träumen. Auch der religiöse Eifer von Josephe deutet drauf hin, dass es sich um ein der Literaturepoche der Romantik angehörendes Werk handelt. Dass Kleist ein Romantiker war bezeugt die Erzählung „Die Marquise von O..." im Jahre 1808, die zu den bekanntesten dieser Epoche gehört.

- **Aufklärung & Kant-Krise:** „Zwar wissen wir nichts Sicheres über die näheren Entstehungsumstände des Textes. Aber einiges spricht dafür, dass die als erste, nämlich 1807, veröffentlichte Erzählung Kleists auch seine früheste ist und vielleicht bis in die entscheidenden Zeit der weltanschaulichen Krise 1800/01 zurückreicht."[12] Von Kants Einfluss auf Kleist ist oft die Rede, dass Kleist aber seinerseits eine philosophisches Weiterdenken angestrengt und das „kantsche Projekt"[13] in neue Dimensionen geführt hat, ist weitestgehend unentdeckt.[14] Literaturwissenschaftler René Girard ist der Überzeugung, dass das „Erdbeben in Chili [...] als Kritik der mythologischen Vernunft angesehen

---

[5] Reuß, Roland: 1993. S. 45.
[6] 1804 – 1816 auch Nationalromantik genannt
[7] Schneider, Helmut J.: Sozialgeschichtliche Werkinterpretation. Der Zusammensturz des Allgemeinen. In: Positionen der Literaturwissenschaft. Hrsg. von David E. Wellbery. 4. Auflage 2001. München: C. H. Beck 1985. S. 115.
[8] Schneider 1985. S. 115.
[9] Schneider: 1985. S. 118f.
[10] Novalis: Schriften, Bd. 2 Hrsg. J. Minor
[11] Heinrich von Kleist: Sämtliche Werke und Briefe in vier Bänden: Band 3 Erzählungen / Anekdoten / Gedichte / Schriften, Hrsg. Klaus Müller-Salget (1990), S. 201.
[12] Schneider: 1985. S. 116.
[13] Girard, René.: Diskursanalyse. Theorie der Mythologie / Anthropologie. Mythos und Gegenmythos zu Kleists „Das Erdbeben in Chili". In: Positionen der Literaturwissenschaft. Hrsg. von David E. Wellbery. 4. Auflage. München 2001: C. H. Beck 1985. S. 147.
[14] Vgl. Girard, René.: 1985. S. 147.

werden (kann), als ein Versuch, die fundamentalen Mechanismen mythologischen Denkens aufzuzeigen"[15].

4. GATTUNG

Novelle
- Zyklisch angelegte Kurzform offenen Erzählens mit betontem Geschehnismoment
- Erzählt eine „unerhörte Begebenheit" aus der wirklichen Welt in konflikthafter Zuspitzung und meist mit einer überraschenden Wendung

Prosa
- Metrisch nicht gebundene, im Stilniveau variable Mitteilungsform von Texten

5. SPRACHE & FORM

a) Personen

Jeronimo (Hautfigur):

- Lehrer bei einer der tonangebenden chilenischen Familien;
- nach dem Erdbeben ist Leben ist ihm verhasst, der Strick soll ihn der „*jammervollen Welt entreißen*";
- Erdbeben bedeutet ihm unverhofftes Glück, gefolgt von Ohnmacht... Gemütsschwankungen als Ausdruck von wenig seelischer Festigung;
- Mit Auftauchen Don Fernandos gerät er in den Hintergrund;
- bei den Ereignissen in der Kirche ist es Don Fernando, der kämpft;
- Josephe und er fallen der Lynchjustiz der Masse zum Opfer (sein Tod wird nur mit einem Satz abgehackt);
- eine Hauptfigur der Erzählung; NICHT deren Held;

Josephe (Hauptfigur):

- Auch Josephe ist durch die Gesetze ihres Standes gehindert, über ihr Leben selbst zu entscheiden;
- Nach dem Erdbeben kehrt Ihr schneller als Jeronimo die Besinnung wieder;
- Erster Gedanke gilt dem Sohn;
- Kleist stellt sie im Roman als von einer geheimnisvollen Aura umgeben dar (*als ob alle Engel des Himmels sie umschirmten*);
- Bei der Begegnung mit Don Fernando ist sie federführend;
- Sie sittet ein fremdes Kind und erscheint damit als Sinnbild für Mütterlichkeit und Aufopferung;
- Die Seeligkeit darüber, nun nicht mehr ausgestoßen zu sein, veranlasst sie dazu, an dem Dankgottesdienst teilzunehmen;

---

[15] Girard, René.: 1985. S. 147.

- Beim Gemetzel beweist sie schließlich nochmals ihre Edelkeit, als sie sich für ihre Kinder opfern möchte;
- Die Familie, die sie mit Jeronimo bildet, dient ansatzweise als Gegenpol zu den patriarchalischen Familien Don Asteron und Rugeras;
- Eine Hauptfigur der Erzählung; Symbol für Stärke, Großmut und Menschlichkeit;

Don Fernando (Hauptfigur):

- Beim Auftreten wird er als junger, wohlgekleideter Mann vorgestellt, der Josephe mit Bescheidenheit bittet, den Sohn zu stillen;
- Einladung zum Frühstück hat Demonstrationscharakter (Sündermentalität wird nicht geteilt)
- Ritterliche Höflichkeit bei der Begleitung Josephes zur Kirche (er teilt an dieser Stelle allerdings ihren Erkenntnisfehler);
- Vor der Kirche gibt er mit heldenmütiger Besonnenheit vor, Jeronimo zu sein, um die Menge abzulenken;
- Mit seiner Frau nimmt er schließlich den kleinen Phillip als Pflegesohn auf;
- Verfächter einer vorbildlichen Humanität, die Kleist der verfälschten Moral der Gesellschaft entgegensetzt;

b) Aufbau

1.Teil: Stadt/gewalttätige Natur

- erster Satz legt die Situation dar;
- Rückblickende Erzählung der Vorgeschichte (Liebelei zwischen Jeronimo und Josephe; Mutterwehen; Verhaftung);
- Rückführung auf die Gegenwart mit dem Hinweis auf den geplanten Selbstmord Jeronimos;
- Erdbeben führt zu der Paradoxie, dass er sich nun an demselben Pfeiler, an welchem er hatte sterben wollen sich festhält um nicht umzufallen.
- 1. Teil Schilderung Erdbeben: aus der Perspektive des fliehenden Jeronimo; er jagt in neunmal anaphorisch angestauten „hier-Sätzen" (...) durch das Untergangsszenario. Schließlich wird er unmächtig.
- 2. Teil Schilderung Erdbeben: Aus der Rückschau Josephes und aus ihrer Perspektive; kontrastierende Schilderung von Josephes und Jeronimos Gemütszustand;
- Motiv von der gewalttätigen Natur;

2.Teil: Land/utopische Idylle

- Jeronimo erwacht aus der Ohnmacht und erkennt das liebliche Leben voller bunter Erscheinungen als er im paradieshaften Tal Josephe und das Kind wieder trifft;
- ein von Pinien beschattetes Tal im Mondschein, eine Quelle, Moos und Laub auf denen die Geretteten sich sanft Lager bereiten;

- Zusammenwachsen Aller zu einer großen Familie; Umsturz aller Verhältnisse, Verbrüderung im sozialen Sinne;
- 3. Teil Schilderung des Erdbebens: man erzählt sich von den Opfern, die es in der Stadt zu beklagen gibt;
- Motiv der Sozialutopie;

3.Teil: Stadt/ menschliche Katastrophe

- Der urchristliche Zustand im Tal von Eden fällt dem klerikalen Autoritätsanspruch zum Opfer;
- Die Hoffungslosigkeit des Anfangs wird erhöht, da es sich nun um menschlich verschuldetes Fehlverhalten handelt;
- Im Volk kommt die Gnadenlosigkeit gegenüber den Sündern wieder durch;
- Die Tragödie endet mit den Worten sich freuen, worin ein Hoffnungsschimmer liegen könnte
- Motiv der Hoffnungslosigkeit;
- Möglichkeit einer dramatischen Lesart in 5 Akten möglich Nähe der Novelle zum Drama;

Zeitgerüst

- Erzählte Zeit: 36 Std. (jeder der drei Teile einen halben Tag) , im wesentlichen linar erzählt, Rückblicke werden über Einschübe gemacht;
- Erzähltempus ist das Präteritum, Plusquamperfekt bei der Nacherzählung des vorhergegangenen Jahres in Rückschau;
- Kleist erzählt im epischen Präteritum; d.h. in fiktiver Gegenwärtigkeit;
- Die drei Passagen werden in unterschiedlichem Erzähltempo gehalten. Der mittlere Teil ist dabei am ruhigsten;
- Geschehen wird in gleichmäßiger Dichte erzählt; geringe zeitliche Ausdehnung;

Erzählsituation

- Hauptsächlich auktorialer Erzähler (Berichte besonders im 2. Teil; Stände wachsen zu *einer Familie* zusammen), der aber ins personale wechselt (Flucht Jeronimos; Befreiung Josephes);
- Psychologische Innensichten (Jeronimos *unsägliches Wonnegefühl*; Josephes *Schrecken* und *Jammer*) fördern die Parteinahme für die Flüchtenden;
- These Wolfgang Kaysers, der behauptet, der Erzähler steht mit dem Rücken an der Wand und beachtet das Publikum nicht- dem stehen ziemlich genaue zeitliche und räumlich Angaben und auch wertende Kommentare gegenüber;
- Kleist nimmt mit Hilfe gewisser Adjektive Partei ein für seine Hauptfiguren (*unglückliche* Josephe auf den Stufen der Kathedrale; dieser *jammervollen* Welt will Jeronimo entfliehen); im Kontrast die Gesellschaft St. Jagos (Josephe wird durch *hämische* Aufmerksamkeit des Bruders verraten);
- Später wird die Sympathie des Erzählers auch auf die freundlichen Menschen in der Umgebung ausgedehnt; Don Fernando als *göttlicher Held*.

Sprache und Satzbau

- Hypotaktische, reich gegliederte Prosa; atemberaubendes Tempo;
- „Die Welt ist für diesen Erzähler im Wesentlichen die Aufeinanderfolge von Begebenheiten, in der es keine Ruhe gibt." Z.B die neunmal anaphorisch angestauten hier-Sätze, die Jeronimos Flucht schildern: „ Hier stürzte noch ein Haus zusammen, und jagte ihn,, die Trümmer weit umherschleudernd, in eine Nebenstraße, hier leckte die Flamme schon...";
- Anaphern sind allgemein häufig anzutreffen;
- Umstellung gewohnter Wortsequenzen zur Erhöhung des dramatischen Effekts;
- Z.B „Hierauf: Er ist der Vater! schrie eine Stimme; und: er ist Jeronimo Rugera! eine andere; und:sie sind die gotteslästerlichen Menschen!...";
- Komprimierende Nominalbildungen auf –ung, die oft an die gedrängte Amtssprache erinnern Auswirkung solcher Tendenz ist der Ersatz der direkten durch die indirekte Rede; besondere Treue zur Wirklichkeit; es lässt sich darstellen, wie den Gestalten erst beim Sprechen die Gedanken kommen;

Symbole

- GLOCKEN... der Fronleichnamsprozession ertönen, als Josephes Wehen einsetzen und sich später der Hinrichtungszug auf sie zubewegt. Jeronimo hört dieselben Glocken und fühlt sich ein letzten Mal mit der Geliebten verbunden; läuten das Ende der Protagonisten ein;
- PFEILER... im Gottesdienst heißt es zunächst, dass die Pfeiler geheimnisvolle Schatten werfen, dann hält sich Jeronimo an dem Pfeiler fest, an dem er sich erhängen möchte, zum Schluss wird der kleine Juan an einem Pfeiler zerschmettert; Todesstigma;
- Von gefärbtem Glas gearbeitete ROSE...eingelassen in die Domfassade. In christlicher Überlieferung steht sie für die Sonne und somit für Christus und Maria; rote Rose als Symbol für die Passion Christi und das Blut der Märtyrer;
- GRANATAPFELbaum... unter dem die beiden in der Nacht nach dem Erdbeben mit dem Kind ausruhen steht in erster Linie für Fruchtbarkeit, christlich verbunden mit Maria und Christus;

6. MODELLANALYSEN & INTERPRETATIONSANSÄTZE

I. Diskursanalyse von Friedrich A. Kitter

a) Interne Analyse

U.a. geht Kitter in diesem Teil auf die Prinzipien der Französischen Revolution *Freiheit, Gleichheit, Brüderlichkeit* ein. Er deutet dahinter dass Jeronimo und der „adelige Don Fernando nur darum bis zum Frauentausch Brüder werden, weil [...] eine Frau als wahre Mutter aller Säuglinge paradiert."[16]

---

[16] Kitter, Friedrich A.: Diskursanalyse. Ein Erdbeben in Chili und Preußen. In: Positionen der Literaturwissenschaft. Hrsg. von David E. Wellbery. 4. Auflage 2001. München: C. H. Beck 1985. S. 30.

b) Diskursive Effekte

„Fatum"[17] nennt Kitter die narrative Mechanik der Kleist während der ganzen Erzählung treu bleibt.[18] In diesem paradiesähnlichen Zustand[19] erfahren die Protagonisten, dass in der einzig vom Erdbeben vorschonten Kirche „eine [...] Messe zur ‚Verhütung fernen Unglücks'"[20] gefeiert werden soll. Doch „Aus dem Besuch einer Messe zur Verhütung ferneren Unglücks geht das genaue Gegenteil hervor."[21] Hinter den vier vermeintlich begründeten Bluttaten zieht Kittel Schlüsse auf die politischen Verhältnisse Chiles und ordnet diesem Vergehen einen „Machtwechsel im Realen"[22] zu.

c) Strategische Maßnahmen

Die Keule, mit der Josephes erschlagen wurde, gehört zu den „idealen Waffen einer Lynchjustiz"[23]. Der Degen des Marine-Offiziers hat dagegen leichtes Spiel. Don Fernado – „jeder Zoll ein preußischer Offizier"[24] – kämpft wie ein „göttlicher Held"[25] gegen die satanische „Rotte"[26]. Diese „Metapher"[27] bezieht sich wohl auf die preußischen Niederlagen „im Novellenerscheinungsjahr 1806" bei Jena und Auerstedt gegen die französischen Truppen unter Bonaparte.

II. Hermeneutik von Norbert Altenhofer

Altenhofer sieht in dem Erdbeben zu Beginn der Erzählung – abgesehen von einer Naturkatastrophe – „die Qualität eines unausdenkbaren Ereignisses", welche die „natürliche, gesellschaftliche, und metaphysische Ordnung [...] radikal in Frage stellt"[28]. Kleists beschriebener „Umsturz aller Verhältnisse"[29] kann – rein durch „dessen äußere Zeichen"[30] – als ein „Zustand der Anarchie"[31] (Befehle des Vizekönigs wird mit den Worten: „Es gäbe keinen Vizekönig von Chili mehr"[32] quittiert.) ausgelegt werden. Doch wie sich beim Aufsuchen der Trümmerstadt (zum Besuch der Messe) von Don Fernandos Gesellschaft zeigt, sind die „Relikte der alten Ordnung"[33] noch vorhanden.

Diese „Umwälzung"[34] hat nach Altenhofer zwei Seiten. Zum einen setzt die Solidaritätswelle ein „ungeahntes Maß an Menschlichkeit frei"[35] zum anderen endet die Erzählung aber in „latenter Grausamkeit und Destruktivität"[36]. Altenhofer vergleicht das „blinde Naturgeschehen"[37] am Anfang mit dem unkontrollierten Ausarten

---

[17] Kitter 1985: S. 31f.
[18] Vgl. Kitter 1985: S. 31.
[19] Vgl. Kitter 1985: S. 31.
[20] Kitter 1985: S. 32.
[21] Kitter 1985: S. 32.
[22] Kitter 1985: S. 33.
[23] Kitter 1985: S. 33.
[24] Kitter 1985: S. 34.
[25] Heinrich von Kleist: Sämtliche Werke und Briefe in vier Bänden: Band 3 Erzählungen / Anekdoten / Gedichte / Schriften, Hrsg. Klaus Müller-Salget (1990), S. 220.
[26] Heinrich von Kleist: Sämtliche Werke und Briefe, Hrsg. Klaus Müller-Salget (1990), S. 220.
[27] Kitter 1985: S. 34.
[28] Altenhofer, Norbert. Hermeneutik. Der erschütterte Sinn. Hermeneutische Überlegung zu Kleists ‚Das Erdbeben in Chili'. In: Positionen der Literaturwissenschaft. Hrsg. von David E. Wellbery. 4. Auflage 2001. München: C. H. Beck 1985. S. 46.
[29] Heinrich von Kleist: Sämtliche Werke und Briefe, Hrsg. Klaus Müller-Salget (1990), S. 209.
[30] Altenhofer 1985: S. 46.
[31] Altenhofer 1985: S. 46.
[32] Heinrich von Kleist: Sämtliche Werke und Briefe, Hrsg. Klaus Müller-Salget (1990), S. 205.
[33] Altenhofer 1985: S. 49.
[34] Altenhofer 1985: S. 49.
[35] Altenhofer 1985: S. 49.
[36] Altenhofer 1985: S. 49

der „Rotte"[38] am Ende. Das hermeneutische sieht er vor allem in der „Skizzenhaftigkeit", „die in der Bemühung um Sinn des Werkes zugleich ihren eigenen Sinn produziert"[39].

III. Kommunikationstheorie / Pragmatik von Karlheinz Stierle

In seiner Analyse erläutert Stiere die „elementare vornarrative Grundfigur ‚Glück – Unglück'"[40]. Er zieht daraus den Schluss, dass Glück „in Kleists Novelle eine vorgesellschaftliche oder außergesellschaftliche Erfahrung"[41] ist. Damit meint er, dass beispielsweise Jeronimo und Josephe ein Glück gegen die „gesellschaftliche Ordnung"[42] genießen und nach dem Beben darauf hoffen von der Gesellschaft stillschweigende akzeptiert zu werden. Die neue Bekanntschaft zu Don Fernando erweckte wohl diesen Schein. Doch Unversöhntheit – ein Zeichen des hereinbrechenden Unglücks[43] – der Gesellschaft bricht schließlich mit „naturhafter Gewalt"[44] Bahn[45]. Treffen Glück und Unglück folglich aufeinander, so geschieht dies „als jähe Umschwünge von Gewalt erdbebenhafter Erschütterung"[46]. (Vgl.: „Sie waren sehr gerührt und, wenn sie dachten, wie viel Elend über die Welt kommen musste, damit sie glücklich würden."[47])

Ein anderer Aspekt ist der paradiesische Zustand außerhalb der zerstörten Stadt, der von Kleist mit dem „Tal von Eden[48]" verglichen wird. Stierle interpretiert, dass bei dieser idyllischen Beschreibung, nicht die äußere Schönheit der Natur, als viel mehr die traumatisch Veränderung beschrieben sei.[49] Das Gesetz scheint „keine Gewalt mehr zu haben[50]", da „die Menschen auf der Unmittelbarkeit freundlicher Zuwendung leben[51]". Dies erzeugte bei Don Fernandos bekanntlich den fatalen Trugschluss, dass man „sogar die Versöhnung des Königs" erwarten könne.

IV. Literatursemiotik von David. E. Wellbery

Ich möchte von Wellberys drei Punkte herausgreifen. Er hat u.a. die Begriffe Erdbeben, Familie und Form untersucht.

---

[37] Altenhofer 1985: S. 49
[38] Heinrich von Kleist: Sämtliche Werke und Briefe, Hrsg. Klaus Müller-Salget (1990), S. 220.
[39] Altenhofer 1985: S. 53
[40] Stierle, Karlheinz. Kommunikationstheorie / Pragmatik. Das Beben des Bewusstseins. Die narrative Struktur von Kleists ‚Das Erdbeben in Chili'. In: Positionen der Literaturwissenschaft. Hrsg. von David E. Wellbery. 4. Auflage 2001. München: C. H. Beck 1985. S. 54.
[41] Stierle 1985: S. 57.
[42] Stierle 1985: S. 58
[43] Vgl. Stierle 1985: S. 58
[44] Stierle 1985: S. 58
[45] Vgl. Stierle 1985: S. 58
[46] Stierle 1985: S. 58
[47] Heinrich von Kleist: Sämtliche Werke und Briefe, Hrsg. Klaus Müller-Salget (1990), S. 202.
[48] Heinrich von Kleist: Sämtliche Werke und Briefe, Hrsg. Klaus Müller-Salget (1990), S. 201.
[49] Vgl. Stierle 1985: S. 62f.
[50] Stierle 1985: S. 62.
[51] Stierle 1985: S. 62.

a) Erdbeben

Syntagmatisch handelte es sich um einen *„Zustand des generalisierten Zufalls*[52]*"*. Wellbery schlussfolgert, dass das Geschehen „von einer Phase, in der das Gesetz herrscht, zu einer anderen hinführt, in der Zufall alles entscheidet."[53] *Paradigmatisch* stellt Wellbery fest, dass das Erdbeben eine weitere Bedeutung erhalten hat. Es bedeutet nämlich nicht nur „'Herrschaft des Zufalls', sondern auch 'Herrschaft des Elementaren'"[54]. In der Erzählung können „familial-sexuale, religiöse und politische Lesearten [...] evoziert[55]" werden, welche „für die gesamte Novelle Relevanz gewinnen[56]"

b) Familie

Die Novelle erzählt die Geschichte einer Adaption: das Kind geht von einer 'natürlichen Familie' zu einer 'gesetzlich anerkannten' über, wobei die Stadien dieser Bewegung den drei Abschnitten der Novelle zugeordnet sind. Im Teil A entsteht, zunächst außerhalb des Gesetzes (die 'Erzeugung' des Kindes ist ein 'Verbrechen') und durch Aufhebung desselben ('Erdbeben' als 'Geburt') eine 'natürliche Familie'. [...] Im Abschnitt B wird – herbeigeführt durch einen 'Tausch' – eine Einheit zwischen 'natürlicher' und 'gesetzlich anerkannter' Familie etabliert. Und schließlich werden im Teil C die zwei Familien gewaltsam getrennt, indem die 'natürliche' Familie vernichtet und das Kind in die 'gesetzliche anerkannte' aufgenommen wird. Aus dem „Bastard[57]" wird, so der Text, ein „Pflegesohn".[58]

c) Form

„Die Novelle ist [...] gekennzeichnet durch eine elementare Knappheit dargestellt, dass ihr Text über die Relation von Ereignissen fast nirgends herausragt."[59] Zahlreiche „paradigmatische Relationen wie Ende – Neubeginn, Tod – Leben, Gewalt – Liebe, Geschehen – Handlung, Allgemeinheit – Individuum, Konventionen und Spontaneität"[60] zeigen auf, dass die Erzählung „mehrere einander überlagernde Geschichten"[61] enthält. Altenhofer unterscheidet deren vier: die physikalische (Zerstörung durch das Erdbeben), eine anekdotische (Schicksal der Protagonisten), die politische (Revolution, Anarchie) und die metaphysische („Gnade und Vergeltung"[62]).[63]

---

[52] Wellbery, David. E. Literatursemiotik. Semiotische Anmerkung zu Kleists 'Das Erdbeben in Chili'. In: Positionen der Literaturwissenschaft. 4. Auflage 2001. München: C. H. Beck 1985 S. 75.
[53] Wellbery 1985: S. 75
[54] Wellbery 1985: S. 76f. (Vgl. Stempel, Wolf-Dieter. Erzählung, Beschreibung und der historische Diskurs. In: Geschichte – Ereignis und Erzählung. Hrsg. Reinhart Koselleck und Wolf-Dieter Stempel. München 1073. S. 325 – 346, bes. S. 328f.
[55] Wellbery 1985: S. 77.
[56] Wellbery 1985: S. 77.
[57] Heinrich von Kleist: Sämtliche Werke und Briefe, Hrsg. Klaus Müller-Salget (1990), S. 221.
[58] Wellbery 1985: S. 78.
[59] Kitter, Friedrich A.: Diskursanalyse. Ein Erdbeben in Chili und Preußen. In: Positionen der Literaturwissenschaft. Hrsg. von David E. Wellbery. 4. Auflage. München: C. H. Beck 2001. S. 26.
[60] Altenhofer 1985: S. 49f.
[61] Altenhofer 1985: S. 50.
[62] Altenhofer 1985: S. 50.
[63] Vgl. Altenhofer 1985: S. 50.

V. Sozialgeschichtliche Werkinterpretation

Literat Helmut J. Schneider teilt die Erzählung in drei Stufen „einer zeitgeschichtlich-allegorischen Lektüre"[64] ein: „Revolution [...], utopische Illusion und politische Enttäuschung."[65] Der Handlung liegt ein „Modellkonflikt der Empfindsamkeit"[66] zugrunde. Das nicht standesgemäße Liebesverhältnis zwischen einer aus adeligem Haus stammender Tochter und ihrem bürgerlichen Lehrer wird von der Gesellschaft nicht akzeptiert. Die Protagonisten werden nach Geburt des gemeinsamen Kindes sogar zum Tode verurteilt.[67] Dieser Tatvorgang stellt historisch betrachtet keine Besonderheit, als viel mehr eine Normalität dar. Doch noch bevor es zur (erwarteten) Vollstreckung des Todesurteils kommt, legt Kleist Hand an, indem er die bürgerliche Ordnung wegsprengt und gleichzeitig den paradiesischen Naturzustand wieder herstellt.[68] Schneider spricht von einem „unvermittelten Sprung in die heile Welt"[69]. Doch Kleist zeigt auch, „wie die sozial bedingte Verderbtheit den Zusammenbruch der Institutionen überlebt; der religiöse Massenwahn und die kleinbürgerliche Lustunterdrückung entlüden sich in der Aggression gegen die Außenseiter"[70].

VI. Theorie der Mythologie / Anthropologie von René Girard

Der Literaturwissenschaftler René Girard geht der Frage nach der Bedeutung des Erdbebens nach. Im Allgemeinen sei es normal, dass ein solches Naturereignis „immer verbunden mit sozialen Unruhen oder ganz besonders mit Mobsituationen"[71] ist. Er schlägt vor bei dieser Thematik den Begriff „Nicht-Unterscheidung" (undifferentiation) anzuwenden"[72]. Diese Bezeichnung impliziert nämlich, dass „nicht bloß die sozialen Unterschiede verschwinden, sondern auch der Unterschied zwischen natürlicher und gesellschaftlicher Ordnung"[73]. Eine mögliche Klassifizierung des Textes schließt Girard als „unmöglich"[74] aus, da man die Erzählung weder „Mythos, noch Literatur, noch Theater, sondern eine Mischung von allen dreien" nennen kann.

---

[64] Schneider: 1985. S. 119.
[65] Schneider: 1985. S. 119.
[66] Schneider, Helmut J.: Sozialgeschichtliche Werkinterpretation. Der Zusammensturz des Allgemeinen. In: Positionen der Literaturwissenschaft. Hrsg. von David E. Wellbery. 4. Auflage 2001. München: C. H. Beck 1985. S. 117.
[67] Vgl.: Schneider: 1985. S. 117f.
[68] Schneider: 1985. S. 118.
[69] Schneider: 1985. S. 118.
[70] Schneider: 1985. S. 121.
[71] Girard, René.: Diskursanalyse. Theorie der Mythologie / Anthropologie. Mythos und Gegenmythos zu Kleists „Das Erdbeben in Chili". In: Positionen der Literaturwissenschaft. Hrsg. von David E. Wellbery. 4. Auflage. München 2001: C. H. Beck 1985. S. 135.
[72] Girard, René.: 1985. S. 135f.
[73] Girard, René.: 1985. S. 135f.
[74] Girard, René.: 1985. S. 136.

7. Literaturliste

Wellbery, David E.: Positionen der Literaturwissenschaft. Hrsg. von David E. Wellbery. 4. Auflage. München 2001: C. H. Beck 1985.

Böckmann Paul: Heinrich von Kleist 1777-1811 in Heinrich von Kleist; Hrsg. Walter Müller-Seidel; Wissenschaftliche Buchgesellschaft Darmstadt, 1967

Reallexikon der deutschen Literaturwissenschaft Band II; Hrsg. Fricke Harald; Walter de Gruyer GmbH & Co. KG Berlin, 2007

Reallexikon der deutschen Literaturwissenschaft Band III; Hrsg. Fricke Harald; Walter de Gruyer GmbH & Co. KG Berlin, 2007

Kayser Wolfgang: Kleist als Erzähler in Heinrich von Kleist; Hrsg. Walter Müller-Seidel; Wissenschaftliche Buchgesellschaft Darmstadt, 1967

Kircher Hartmut; Heinrich von Kleist Das Erdbeben von Chili/ Die Marquise von O…; Oldenbourg Schulbuchverlag GmbH München, Düsseldorf, Stuttgart, 1992

Marx Stefanie: Beispiel der Beispiellosen: Heinrich von Kleists Erzählungen ohne Moral; Königshausen und Neumann, Würzburg, 1994

Schede Hans-Georg: Erläuterungen zu Heinrich von Kleist Das Erdbeben in Chili; Bange Verlag Hollfeld, 2004

BEI GRIN MACHT SICH IHR WISSEN BEZAHLT

- Wir veröffentlichen Ihre Hausarbeit, Bachelor- und Masterarbeit

- Ihr eigenes eBook und Buch - weltweit in allen wichtigen Shops

- Verdienen Sie an jedem Verkauf

Jetzt bei www.GRIN.com hochladen und kostenlos publizieren